OBSERVATIONS

SUR

LA CHARTE CONSTITUTIONNELLE

DE FRANCE.

SUIVIES DE LETTRES PHILOSOPHIQUES ET POLITIQUES SUR LES VENTES DE BIENS NATIONAUX, L'ADMINISTRATION DE LA JUSTICE ET LA LIBERTÉ DE LA PRESSE.

Par M. LENORMAND, Avocat.

PARIS.

Chez CHAIGNIEAU jeune, Imprimeur-Libraire, rue Saint-André-des-Arcs, N° 42.
Et chez les Libraires du Palais-Royal.

IMPRIMERIE DE CHAIGNIEAU JEUNE.

1814.

OBSERVATIONS

SUR

LA CHARTE CONSTITUTIONNELLE

DE FRANCE.

SUIVIES DE LETTRES PHILOSOPHIQUES ET POLI-
TIQUES SUR LES VENTES DE BIENS NATIONAUX,
L'ADMINISTRATION DE LA JUSTICE ET LA
LIBERTÉ DE LA PRESSE.

LE 4 juin 1814 fut le jour consacré à cette imposante assemblée des représentans de la nation, que le Roi venait présider pour la première fois, en lui apportant cette charte constitutionnelle, qui affermit le trône et assure les droits du peuple.

Les discours prononcés à cette séance mé-
morable méritent d'être rapportés ici.

Le Roi a pris la parole et a dit :

MESSIEURS,

« Lorsque, pour la première fois , je viens
« dans cette enceinte m'environner des grands
« corps de l'état , des représentans d'une na-
« tion qui ne cesse de me prodiguer les plus
« touchantes marques de son amour, je me
« félicite d'être devenu le dispensateur des
« bienfaits que la divine Providence daigne
« accorder à mon peuple.

« J'ai fait avec l'Autriche, la Russie, l'An-
« gleterre et la Prusse, une paix dans la-
« quelle sont compris leurs alliés, c'est-à-dire
« tous les princes de la chrétienté. La guerre
« était universelle ; la réconciliation l'est pa-
« reillement.

« Le rang que la France a toujours oc-
« cupé parmi les nations n'a été transféré à
« aucune autre et lui demeure sans partage.
« Tout ce que les autres états acquièrent de
« sécurité accroît également la sienne ; et,
« par conséquent , ajoute à sa puissance véri-
« table. Ce qu'elle ne conserve pas de ses con-

(5)

« quêtes ne doit donc pas être regardé comme
« retranché de sa force réelle.

« La gloire des armées françaises n'a reçu
« aucune atteinte ; les monumens de leur va-
« leur subsistent, et les chefs-d'œuvre des arts
« nous appartiennent désormais par des droits
« plus stables et plus sacrés que ceux de la
« victoire.

« Les routes de commerce, si long-temps
« fermées, vont être libres. Le marché de la
« France ne sera plus seul ouvert aux pro-
« ductions de son sol et de son industrie.
« Celles dont l'habitude lui a fait un besoin,
« ou qui sont nécessaires aux arts qu'elle exerce,
« lui seront fournies par les possessions qu'elle
« recouvre. Elle ne sera plus réduite à s'en
« priver ou à ne les obtenir qu'à des condi-
« tions ruineuses. Nos manufactures vont re-
« fleurir ; nos villes maritimes vont renaître ;
« et tout nous promet qu'un long calme au-
« dehors, et une félicité durable au-dedans
« seront les heureux fruits de la paix.

« Un souvenir douloureux vient toutefois
« troubler ma joie. J'étais né, je me flattais de
« rester toute ma vie le plus fidèle sujet du

« meilleur des rois : et j'occupe aujourd'hui
« sa place ! Mais, du moins, il n'est pas mort
« tout entier ; il revit dans ce testament, qu'il
« destinait à l'instruction de l'auguste et mal-
« heureux enfant, auquel je devais succéder !
« C'est , les yeux fixés sur cet immortel ou-
« vrage ; c'est, pénétré des sentimens qui le
« dictèrent ; c'est, guidé par l'expérience et
« secondé par les conseils de plusieurs d'entre
« vous, que j'ai rédigé la charte constitu-
« tionnelle , dont vous allez entendre la lec-
« ture , et qui asseoit sur des bases solides la
« prospérité de l'état.

« Mon chancelier va vous faire connaître ,
« avec plus de détail, mes intentions pater-
« nelles. »

Ce discours, prononcé avec une expression
noble et touchante , produisit le plus grand
effet. Avant de faire connaître cet acte constitutionnel , M. d'Ambray , chancelier de
France , parla en ces termes :

« Messieurs les sénateurs, Messieurs les
députés des départemens ,

« Vous venez d'entendre les paroles tou-
« chantes et les intentions paternelles de S. M.

« C'est à ses ministres à vous faire les commu-
« nications importantes qui en sont la suite.

« Quel magnifique et touchant spectacle
« que celui d'un Roi qui, pour s'assurer de nos
« respects, n'avait besoin que de ses vertus !
« qui déploie l'appareil imposant de la royauté,
« pour apporter à son peuple épuisé par vingt-
« cinq années de malheurs le bienfait si dé-
« siré d'une paix honorable, et celui non moins
« précieux d'une ordonnance de réformation,
« par laquelle il éteint tous les partis, comme
« il maintient tous les droits.

« Il s'est écoulé bien des années depuis que
« la Providence divine appela notre monarque
« au trône de ses pères. A l'époque de son
» avènement, la France égarée par de fausses
« théories, divisée par l'esprit d'intrigue,
« aveuglée par les vaines apparences de li-
« berté, était devenue la proie de toutes les
« factions, comme le théâtre de tous les ex-
« cès, et se trouvait livrée aux plus horribles
« convulsions de l'anarchie. Elle a successi-
« vement essayé de tous les gouvernemens
« jusqu'à ce que le poids de l'anarchie l'ait
« enfin ramené au gouvernement paternel,
« qui, pendant quatorze siècles, avait fait sa
« gloire et son bonheur.

« Le souffle de Dieu a renversé ce colosse
« formidable de puissance qui pesait sur l'Eu-
« rope entière ; mais sous les débris d'un édi-
« fice gigantesque, encore plus promptement
« détruit qu'élevé , la France a retrouvé du
« moins les fondemens inébranlables de son
« antique monarchie.

« C'est sur cette base sacrée qu'il faut éle-
« ver aujourd'hui un édifice durable, que le
« temps et la main des hommes ne puissent
« plus détruire. C'est le Roi qui en devient
« plus que jamais la pierre fondamentale :
« c'est autour de lui que tous les Français doi-
« vent se rallier. Et quel roi mérita jamais
« mieux leur obéissance et leur fidélité ! Rap-
« pelé dans ses états par les vœux unanimes
« de ses peuples , il les a conquis sans armée,
« les a soumis par amour ; il a réuni tous les
« esprits, en gagnant tous les cœurs.

« En pleine possession de ses droits hérédi-
« taires sur ce beau royaume , il ne veut
« exercer l'autorité qu'il tient de Dieu et de
« ses pères, qu'en posant lui-même les bornes
« de son pouvoir.

« Loin de lui l'idée que la souveraineté doive

« être dégagée des contre-poids salutaires qui,
« sous des dénominations différentes, ont cons-
« tamment existé dans notre constitution, il y
« substitue lui-même un établissement de pou-
« voirs tellement combinés qu'il offre autant
« de garantie pour la nation, que de sauve-
« garde pour la royauté. Il ne veut être que
« le chef suprême de la grande famille dont il
« est le père. C'est lui-même qui vient donner
« aux Français une charte constitutionnelle,
« appropriée à leurs désirs, comme à leurs be-
« soins et à la situation respective des hommes
« et des choses.

« L'enthousiasme touchant avec lequel le
« roi a été reçu dans ses états, l'empressement
« spontané de tous les corps civils et militaires,
« ont convaincu S. M. de cette vérité si douce
« pour son cœur, que la France était monar-
« chique par sentiment, et regardait le pou-
« voir de la couronne comme un pouvoir tuté-
« laire nécessaire à son bonheur.

« S. M. ne craint donc pas qu'il puisse rester
« aucun genre de défiance entre elle et son
« peuple ; inséparablement unis par les liens
« du tendre amour, une confiance mutuelle
« doit cimenter tous les engagemens.

« Il faut à la France un pouvoir royal, pro-
« tecteur, sans pouvoir devenir oppressif ; il
« faut au roi des sujets aimans et fidèles, tou-
« jours libres et égaux devant la loi. L'autorité
« doit avoir assez de force pour déjouer tous
« les partis, comprimer toutes les factions,
« en imposer à tous les ennemis, qui menace-
« raient son repos et son bonheur.

« La nation peut en même temps, désirer
« une garantie contre tous les genres d'abus,
« dont elle vient d'éprouver les excès.

« La situation momentanée du royaume,
« après tant d'années d'orages, exige enfin
« quelques précautions, peut-être même quel-
« ques sacrifices, pour appaiser toutes les hai-
« nes, prévenir toutes les réactions, consolider
« toutes les fortunes, amener, en un mot,
« tous les Français à un oubli généreux du
« passé et à une réconciliation générale.

« Tel est, Messieurs, l'esprit vraiment pa-
« ternel dans lequel a été rédigé cette grande
« charte que le Roi m'ordonne de mettre sous
« les yeux de l'ancien sénat et du dernier corps
« législatif. Si le premier de ces corps a, pour
« ainsi dire, cessé d'exister avec la puissance
« qui l'avait établie : si le second ne peut plus

« avoir, sans l'autorisation du Roi, que des
« pouvoirs incertains et déjà expirés pour plu-
« sieurs de ses séries, leurs membres n'en
« sont pas moins l'élite légale des notables du
« royaume. Aussi le roi les a-t-il consultés,
« en choisissant dans leur sein les membres que
« leur confiance avait plus d'une fois signalés
« à l'estime publique. Il en a, pour ainsi dire,
« agrandi son conseil, et il doit à leurs sages
« observations plusieurs additions utiles, plu-
« sieurs restrictions importantes.

« C'est le travail unanime de la commission
« dont ils ont fait partie, qui va être mis sous
« vos yeux, pour être ensuite porté aux deux
« chambres créées par la constitution, et en-
« voyé à tous les tribunaux comme à toutes
« les municipalités.

« Je ne doute pas, Messieurs, qu'il n'excite
« parmi vous un enthousiasme de recon-
« naissance, qui, du sein de la capitale, se
« propagera bientôt jusqu'aux extrémités du
« royaume. »

Après ces discours qui expriment les sentimens qui ont dicté cette constitution, il faut
en faire connaître les dispositions ; c'est un mo-

nument de politique et de sagesse, qu'on sera
bien aise de retrouver ici en entier. Nous es-
sayerons ensuite de présenter quelques réflexions sur quelques-uns de ses articles.

LOUIS, PAR LA GRACE DE DIEU, ROI DE
FRANCE ET DE NAVARRE,

A tous ceux qui ces présentes verront, salut:

La divine Providence, en nous rappelant
dans nos Etats, après une longue absence,
nous a imposé de grandes obligations. La paix
était le premier besoin de nos sujets ; nous
nous en sommes occupé sans relâche, et cette
paix, si nécessaire à la France, comme au
reste de l'Europe, est signée. Une charte constitutionnelle était sollicitée par l'état actuel
du royaume ; nous l'avons promise et nous
la publions. Nous avons considéré que, bien
que l'autorité toute entière résidât en France
dans la personne du Roi, nos prédécesseurs
n'avaient point hésité à en modifier l'exercice
suivant la différence des temps ; que c'est
ainsi que les communes ont dû leur affran-
chissement à Louis-le-Gros, la confirmation
et l'extention de leurs droits à Saint Louis et
à Philippe-le-Bel : que l'ordre judiciaire a été

établi et développé par les lois de Louis XI, d'Henri II, et de Charles IX ; enfin que Louis XIV a réglé presque toutes les parties de l'administration publique par différentes ordonnances, dont rien encore n'avait surpassé la sagesse.

Nous avons dû, à l'exemple des rois nos prédécesseurs, apprécier les effets des progrès toujours croissans des lumières, les rapports nouveaux que ces progrès ont introduits dans la société, la direction imprimée aux esprits depuis un demi-siècle, et les graves altérations qui en sont résultées. Nous avons reconnu que le vœu de nos sujets pour une charte constitutionnelle était l'expression d'un besoin réel ; mais en cédant à ce vœu, nous avons pris toutes les précautions pour que cette charte fût digne de nous et du peuple auquel nous sommes fier de commander. Des hommes sages pris dans les premiers corps de l'Etat, se sont réunis à des commissaires de notre conseil, pour travailler à cet important onvrage.

En même temps que nous reconnaissions qu'une constitution libre et monarchique devait remplir l'attente de l'Europe éclairée, nous avons dû nous souvenir aussi que notre premier devoir envers nos peuples était de conserver, pour leurs propres intérêts, les droits et les prérogatives de notre couronne. Nous avons espéré, qu'instruits par l'expérience, ils seraient convaincus que l'autorité suprême peut seule donner aux institutions qu'elle établit, la force, la permanence et la majesté dont elle est elle-même revêtue ; qu'ainsi, lorsque la sagesse des rois s'accorde librement avec le vœu des peuples, une charte constitutionnelle peut être de longue durée ; mais que quand la violence arrache des concessions à la faiblesse du gouvernement, la liberté publique n'est pas moins en danger que le trône même. Nous avons enfin cherché les principes de la charte constitutionnelle dans le caractère français et dans les monumens des siècles passés. Ainsi nous avons dans le renouvellement de la pairie une institution vraiment nationale, et qui doit lier tous les souvenirs à toutes les espérances, en réunissant les temps anciens et les temps modernes. Nous avons remplacé par la chambre des députés, ces assemblées des champs de Mars et de Mai, et ces chambres du tiers-état qui ont si souvent donné tout-à-la-fois des preuves du zèle pour les intérêts du peuple , de fidélité et de respect pour l'autorité des rois. En cherchant ainsi à renouer la chaîne des temps, que de funestes écarts avaient interrompue , nous avons effacé de notre souvenir , comme nous voudrions qu'on pût les effacer de l'histoire , tous les maux qui ont affligé la patrie durant notre absence. Heureux de nous retrouver an sein de la grande famille , nous n'avons su répondre à l'amour dont nous recevons tant de témoignages , qu'en prononçant des paroles de paix et de consolation. Le vœu le plus cher à notre cœur , c'est que tous les Français vivent en frères , et que jamais aucun souvenir amer ne trouble la sécurité qui doit suivre l'acte solennel que nous leur accordons aujourd'hui.

Sûr de nos intentions , fort de notre conscience , nous nous engageons devant l'assemblée qui nous écoute, à être fidèle à cette charte constitutionnelle , nous réservant d'en jurer le maintien avec une nouvelle solennité devant les autels de celui qui pèse dans la même balance les rois et les nations.

A ces causes , nous avons volontairement, et par le libre exercice de notre autorité royale, accordé et accordons , fait concession et octroi à nos sujets, tant pour nous que pour nos successeurs, et à toujours, la charte constitutionnelle qui suit :

Droits publics des Français.

Art. 1er. Les Français sont égaux devant la loi , quels que soient d'ailleurs leurs titres et leurs rangs.

2. Ils contribuent indistinctement, dans la proportion de leur fortune , aux charges de l'État.

3. Ils sont tous également admissibles aux emplois civils et militaires.

4. Leur liberté individuelle est également garantie : personne ne pouvant être poursuivi ni arrêté que dans les cas prévus par la loi, et dans la forme qu'elle prescrit.

5. Chacun professe sa religion avec une égale liberté , et obtient pour son culte la même protection.

6. Cependant les ministres de la religion catholique, apostolique et romaine, et ceux des autres cultes chrétiens , reçoivent seuls des traitemens du trésor royal.

8. Les Français ont le droit de publier et

de faire imprimer leurs opinions, en se conformant aux lois qui doivent réprimer les abus de cette liberté.

9. Toutes les propriétés sont inviolables, sans aucune exception de celles qu'on appelle nationales, la loi ne mettant aucune différence entre elles.

10. L'état peut exiger le sacrifice d'une propriété pour cause d'intérêt public légalement constaté; mais avec une indemnité préalable.

11. Toutes recherches des opinions et votes émis jusqu'à la restauration sont interdites. Le même oubli est commandé aux tribunaux et aux citoyens.

12. La conscription est abolie. Le mode de recrutement de l'armée de terre et de mer est déterminé par une loi.

Forme du gouvernement du Roi.

13. La personne du Roi est inviolable et sacrée. Ses ministres sont responsables. Au Roi seul appartient la puissance exécutive.

14. Le Roi est le chef suprême de l'état; commande les forces de terre et de mer; déclare la guerre ; fait les traités de paix ,

d'alliance et de commerce ; nomme à tous les emplois d'administration publique, et fait les réglemens et ordonnances nécessaires pour l'exécution des lois et la sûreté de l'état.

15. La puissance législative s'exerce collectivement par le Roi, la chambre des pairs et la chambre des députés des départemens.

16. Le Roi propose la loi.

17. La proposition de la loi est portée, au gré du Roi, à la chambre des pairs ou à celle des députés, excepté la loi de l'impôt qui doit être adressée d'abord à la chambre des députés.

18. Toute loi doit être discutée et votée librement par la majorité de chacune des deux chambres.

19. Les chambres ont la faculté de supplier le Roi de proposer une loi sur quelque objet que ce soit, et d'indiquer ce qu'il leur paraît convenable que la loi contienne.

20. Cette demande pourra être faite dans chacune des deux chambres, mais après avoir été discutée en comité secret.

Elle ne sera envoyée à l'autre chambre, par celle qui l'aura proposée, qu'après un délai de dix jours.

21. Si la proposition est adoptée par l'autre chambre, elle sera mise sous les yeux du Roi; si elle est rejetée, elle ne pourra être représentée dans la même session.

22. Le Roi seul sanctionne et promulgue les lois.

23. La liste civile est fixée pour toute la durée du règne, par la première législature, assemblée depuis l'avènement du Roi.

De la chambre des pairs.

24. La chambre des pairs est une portion essentielle de la puissance législative.

25. Elle est convoquée par le Roi en même tems que la chambre des députés des départemens; la session de l'une commence et finit en même temps que celle de l'autre.

26. Toute assemblée de la chambre des pairs qui serait tenue hors du temps de la session de la chambre des députés, ou qui ne serait pas ordonnée par le Roi, est illicite et nulle de plein droit.

27. La nomination des pairs de France appartient au Roi. Leur nombre est illimité; il peut en varier les dignités, les nommer à vie ou les rendre héréditaires, selon sa volonté.

28. Les pairs ont entrée dans la chambre à vingt-cinq ans, et voix délibérative à trente ans seulement.

29. La chambre des pairs sera présidée par le chancelier de France, et, en son absence, par un pair nommé par le Roi.

30. Les membres de la famille royale et les princes du sang sont pairs par le droit de leur naissance. Ils siègent immédiatement après le président; mais ils n'ont voix délibérative qu'à vingt-cinq ans.

31. Les princes ne peuvent prendre séance à la chambre que de l'ordre du Roi, exprimé, pour chaque session par un message, à peine de nullité de tout ce qui aurait été fait en leur présence.

32. Toutes les délibérations de la chambre des pairs sont secrètes.

33. La chambre des pairs connaît des crimes de haute-trahison et des attentats à la sûreté de l'état, qui sont définis par la loi.

34. Aucun pair ne peut être arrêté que de l'autorité de la chambre, et jugé par elle en matière criminelle.

De la chambre des députés des départemens.

35. La chambre des députés sera composée des députés élus par les colléges électoraux, dont l'organisation sera déterminée par des lois.

36. Chaque département aura le même nombre de députés qu'il a eu jusqu'à présent.

37. Les députés seront élus pour cinq ans, et de manière que la chambre soit renouvelée chaque année par cinquième.

38. Aucun député ne peut être admis dans la chambre, s'il n'est âgé de quarante ans et s'il ne paie une contribution directe de 1000 francs.

39. Si néanmoins il ne se trouvait pas dans le département cinquante personnes de l'âge indiqué, payant au moins 1000 francs de contributions directes, leur nombre sera complété par les plus imposés au-dessous de 1000 francs, et ceux-ci ne pourront être élus concurremment avec les premiers.

40. Les électeurs qui concourent à la nomination des députés ne peuvent avoir droit de suffrage s'ils ne payent une contribution

directe de trois cents francs, et s'ils ont moins
de trente ans.

41. Les présidens des colléges électoraux
seront nommés par le Roi, et sont de droit
membres du collége.

42. La moitié au moins des députés sera
choisie parmi les éligibles qui ont leur domi-
cile politique dans le département.

43. Le président de la chambre des députés est nommé par le Roi, sur une liste de cinq
membres , présentée par la chambre.

44. Les séances de la chambre seront publiques ; mais la demande de cinq membres
suffit pour, qu'elle se forme en comité secret.

45. La chambre se partage en bureaux pour
discuter les projets qui lui ont été présentés
de la part du Roi.

46. Aucun amandement ne peut être fait
à une loi, s'il n'a été proposé au comité par
le Roi, et s'il n'a été envoyé et discuté dans
les bureaux.

47. La chambre des députés reçoit toutes
les propositions d'impôt ; ce n'est qu'après
que ces propositions ont été admises qu'elles
peuvent être portées à la chambre des pairs.

48. Aucun impôt ne peut être établi ni

perçu, s'il n'a été consenti par les deux chambres
et sanctionné par le Roi.

49. L'impôt foncier n'est consenti que pour
un an. Les impositions indirectes peuvent l'être
pour plusieurs années.

5o. Le roi convoque chaque année les deux
chambres ; il les proroge et peut dissoudre
celle des députés des départemens ; mais dans
ce cas., il doit en convoquer une nouvelle
dans le délai de trois mois.

51. Aucune contrainte par corps ne peut
être exercée contre un membre de la chambre
durant sa session , et dans les six semaines
qui l'auront précédée ou suivie.

52. Aucun membre de la chambre ne peut,
pendant la durée de la session, être poursuivi
ni arrêté en matière criminelle, sauf le cas
de flagrant délit, qu'après que la chambre
a permis sa poursuite.

53. Toute pétition à l'une et à l'autre des
chambres ne peut être faite et présentée que
par écrit. La loi interdit d'en apporter en
personne à la barre.

Des ministres.

54. Les ministres peuvent être membres de

la chambre des pairs, ou de la chambre des députés. Ils ont en outre leur entrée dans l'une ou dans l'autre chambre, et doivent être entendus quand ils le demandent.

55. La chambre des députés a le droit d'accuser les ministres et de les traduire devant la chambre des pairs, qui seule a celui de les juger.

56. Ils ne peuvent être accusés que pour fait de trahison. Des lois particulières spécifieront cette nature de délit et en détermineront la poursuite.

De l'ordre judiciaire.

57. Toute justice émane du Roi. Elle s'administre en son nom, par des juges qu'il nomme et qu'il institue.

58. Les juges nommés par le Roi sont inamovibles.

59. Les cours et les tribunaux ordinaires, actuellement existans, sont maintenus ; il n'y aura rien de changé qu'en vertu d'une loi.

60. L'institution actuelle des juges de commerce est conservée.

61. La justice de paix est également con-

servée ; les juges-de-paix , quoique nommés
par le Roi , ne sont point inamovibles.

62. Nul ne pourra être distrait de ses juges
naturels.

63. Il ne pourra en conséquence être créé
de commissions et tribunaux extraordinaires ;
ne sont pas comprises sous cette dénomination
les juridictions prévôtales , si leur rétablisse-
ment est jugé nécessaire.

64. Les débats seront publics en matière
criminelle , à moins que cette publicité ne soit
dangéreuse pour l'ordre et les mœurs , et dans
ce cas, le tribunal le déclare par un jugement.

65. L'institution des jurés est conservée. Les
changemens qu'une plus longue expérience
ferait juger nécessaires , ne peuvent être effec-
tués que par une loi.

66. La peine de la confiscation des biens
est abolie , et ne pourra pas être rétablie.

67. Le Roi a le droit de faire grâce et de
commuer les peines.

68. Le code civil et les lois actuellement
existantes , qui ne sont pas contraires à la présente charte , restent en vigueur jusqu'à ce
qu'il y soit légalement dérogé.

Droits particuliers garantis pour l'état.

69. Les militaires en activité de service, les officiers et soldats en retraite ; les veuves, les officiers et soldats pensionnés conserveront leurs grades, honneurs et pensions.

70. La dette publique est garantie : toute espèce d'engagement pris par l'état avec ses créanciers est inviolable.

71. La noblesse ancienne reprend ses titres ; la nouvelle conserve les siens. Le roi fait des nobles à volonté ; mais il ne leur accorde que des rangs et des honneurs, sans aucune exemption des charges et des devoirs de la société.

72. La légion-d'honneur est maintenue. Le Roi déterminera les réglemens intérieurs et la décoration.

73. Les colonies seront régies par des lois et des réglemens particuliers.

74. Le Roi et ses successeurs jureront dans la solennité de leur sacre, d'observer fidèlement la présente charte constitutionnelle.

Articles transitoires.

75. Les députés des départemens de France qui siégeaient au corps-législatif lors du der-

nier ajournement, continueront de siéger à la chambre des députés, jusqu'à remplacement.

76. Le premier renouvellement d'un cinquième de la chambre des députés aura lieu, au plus tard, en l'année 1816, suivant l'ordre établi dans les séries.

Nous ORDONNONS que la présente charte constitutionnelle, mise sous les yeux du sénat et du corps-législatif, conformément à notre proclamation du 2 mai, sera envoyée incontinent à la chambre des pairs et à celle des députés.

DONNÉ à Paris l'an de grâce dix-huit cent quatorze, et de notre régne le dix-neuvième.

Signé LOUIS.

Ordonnance du Roi, concernant le traitement
des sénateurs.

Art. Ier. La dotation actuelle du sénat et des sénatoreries est réunie au domaine de la couronne; elle y demeurera incorporée quoique distincte, après en avoir distrait les pro-

priétés particulières acquises par voie de confiscation, lesquelles seront rendues aux anciens
propriétaires dans l'état où elles se trouvent et
sans aucune espèce de restitution de fruits.

II. Les membres du sénat nés français, conserveront une pension de 36,000 fr., et leurs
veuves une pension 6000 fr., après toutefois,
à l'égard des veuves, que nous aurons reconnu
que cette pension leur est nécessaire pour
soutenir leur état.

III. Les revenus provenant de la dotation actuelle du sénat sont particulièrement affectés
aux pensions ci-dessus accordées, à l'acquit-
tement ou à l'achèvement des travaux du
Luxembourg, à tout ce qui pourrait être dû
aux différens individus employés près le sénat
jusqu'à ce jour, ainsi qu'à leurs traitemens ou
retraites.

IV. Au fur et à mesure de la mort de chaque
membre du sénat, la portion du traitement
qui lui était assignée sera définitiment remise
au domaine de la couronne et confondue avec
ce domaine. Dès à présent, les fonds provenant de la dotation du sénat seront régis et

administrés comme faisant partie de nos domaines.

OBSERVATIONS.

Le Roi a reconnu la nécessité d'une charte constitutionnelle ; en voulant une constitution écrite, qui établît un pouvoir intermédiaire entre le trône et le peuple, il a donné dans cette grande circonstance une nouvelle preuve de sa sagesse et de ses intentions paternelles.

On sait que les meilleurs gouvernemens ont leurs chartes constitutionnelles ; on pourrait citer l'Angleterre et plusieurs autres nations, particulièrement l'Espagne, dont la noble fierté nationale sut préférer la mort à l'esclavage, qu'un Corse voulut lui donner.

Sous Buonaparte, il est vrai que la France eut deux grands corps de l'état pour balancer son pouvoir ; mais il n'en régna pas moins avec le plus affreux despotisme : pourquoi ces grands corps de l'état n'ont-ils pas arrêté l'abus de son autorité ? pourquoi le sénat n'a-t-il pas secondé le corps-législatif lorsqu'il osa une seule fois élever la voix contre la tyrannie toujours croissante de Buonaparte? Cela vient moins de la terreur que cet homme inspirait, que du mauvais système politique d'organisation de ce corps.

On pensait que l'acte constitutionnel proposé par le sénat recevrait de grands changemens avant d'être sanctionné par le Roi ; beaucoup d'écrivains avaient critiqué ce projet de constitution. On désirait que le nombre des sénateurs fût diminué, que leur traitement fût réduit, et sur-tout que leur dignité ne fût point héréditaire ; on avait aussi désiré qu'il n'y eût qu'une seule chambre représentative, composée également de sénateurs et de membres du corps-législatif, ayant tous un traitement égal et modéré ; nous étions de ce dernier avis ; nous pensions même qu'il pouvait être dangereux que le sénat fût un corps isolé aussi riche et aussi puissant ; malgré le respect et la considération que nous avons pour un grand nombre de ses membres, nous nous proposionsde publier nos observations à ce sujet, lorsque la constitution du 4 juin a paru.

Le Roi a décidé dans sa sagesse que deux

chambres étaient nécessaires : il a maintenu à cet égard la disposition de l'acte constitutionnel proposé par le sénat ; l'une est composée d'un grand nombre de sénateurs, auxquels le Roi a réuni des personnages distingués de l'ancienne noblesse française ; l'autre est formée de députés des départemens.

Les membres de la première chambre, dite *chambre des pairs*, auront un traitement de 36,000 fr. ; ce traitement est aussi accordé à titre de retraite, aux sénateurs qui ne sont point compris dans la formation de cette chambre; les bontés du roi envers les sénateurs ont été étendues jusqu'aux veuves de ces dignitaires : elles auront droit à une pension de 6000 fr. Le sénat tout entier devait-il donc s'attendre à tant de générosité de la part du Roi ? Mais c'est, comme l'a dit ce Monarque, *les yeux fixés sur le testament de Louis XVI , qui re*commandait à son fils de pardonner aux Français égarés, *c'est pénétré des sentimens qui le dictèrent , qu'il a rédigé cette charte constitutionnelle,* et l'on peut ajouter *les dispositions qui l'accompagnent.*

Le traitement des membres du corps-législatif est aussi conservé pendant le temps qui reste à écouler de leurs fonctions à la chambre des députés. Mais on n'a pas statué quel sera à l'avenir le traitement des députés appelés à cette chambre. On dit même qu'ils n'en auront pas, parce qu'étant choisis parmi les plus riches propriétaires, ces dignités seront purement honorifiques. On croit que le roi attachera le titre de noblesse à ces charges ; mais il semblerait juste d'accorder en même temps un traitement convenable. Pourquoi des hommes qui quittent, des extrémités de la France, leur province, leur famille, leurs habitudes, pour se rendre à Paris à la volonté du Souverain, et y avoir certaine représentation dispendieuse, n'auraient-ils aucun traitement, tandis que les sénateurs qui n'ont fait nuls sacrifices à la patrie, ou qui plutôt en ont trop exigé d'elle, jouiraient de pensions aussi considérables ? Que de millions vont être absorbés pour payer toutes ces pensions, lorsque l'état éprouve la plus grande pénurie dans ses finances, lorsque la dette publique est immense, lorsqu'à peine on peut payer la modique pension de la veuve dont le mari est mort dans les combats, ou du malheureux invalide qui a versé son sang, et est revenu mutilé des champs de bataille , lorsqu'enfin chacun réclame la diminution d'impôts trop onéreux?

Le premier chapitre de la charte constitutionnelle traite des *droits publics des Français* ; il contient des dispositions très-sages.

Ce chapitre garantit les droits des citoyens et proclame la liberté des cultes ; il est juste et nécessaire que chacun puisse adorer Dieu suivant sa conscience : l'histoire fait connaître combien l'intolérance religieuse a fait verser de sang et a causé de folies. Il faut que les sentimens religieux s'insinuent librement dans notre ame ; toute loi ou ordonnance qui brusque notre manière de penser à cet égard, irrite les esprits , fait ridiculiser la religion et peut produire les plus mauvais effets ; c'est ainsi que nous avons entendu à Paris bien des gens crier et blasphêmer contre l'influence ecclésiastique, parce qu'une ordonnance de police défendait aux limonadiers et restaurateurs de donner à boire et à manger avant midi, les jours de fêtes et dimanches, sous peine d'une forte amende. Ces impertinens raisonneurs demandaient de quel droit on obligeait des étrangers, habitués à déjeûner chez les restaurateurs et limonadiers, à régler leur estomac sur l'heure de midi pour faire ces repas ? Pourquoi il ne serait pas permis à un porteur d'eau de fournir, ces mêmes jours, à ses pratiques l'eau qui est de première nécessité ? Pourquoi un chanteur public, ou un saltimbanque ne pourrait pas du moins, après l'office du matin, amuser le peuple, puisque les fêtes et dimanches sont pour lui des jours de repos ?

Les hommes sages, professant notre religion, ne peuvent qu'approuver le retour de nos antiques solennités et de la pompe majestueuse de nos processions ; mais il faut cependant tolérance et protection de la part du Souverain pour les autres religions.

Il convient, ainsi que le prescrit l'article 7 de la constitution, que les ministres du culte catholique, qui est la religion de l'état, reçoivent un traitement du trésor royal, à l'exclusion des autres ministres, qui peuvent être salariés par les fidèles de leur culte

La responsabilité des ministres , admise par l'article 13 de notre charte constitutionnélle , a lieu sur-tout en Angleterre ; la personne du Roi est inviolable et sacrée , mais ses ministres deviennent les garans de tout préjudice fait à la nation et de toute infraction aux lois de l'état ; c'est une disposition fort sage , qui empêche que les ministres ne fassent exécuter des ordres arbitraires. Il serait à souhaiter que nos chambres représentatives missent à cet égard autant de sévérité que les chambres du parlement et des communes en Angleterre.

L'article 14 laisse peut-être trop au Souverain la liberté de déclarer la guerre ; comme il s'agit dans ce cas de la cause de toute la nation , il eût été sage d'obliger le Roi à consulter les deux chambres assemblées , avant que de faire la guerre ou la paix , et lever des armées : il est si nécessaire , pour le repos du monde , d'enchaîner un peu cette malheureuse ambition des conquêtes , lorsque nous avons un exemple si récent de toutes les calamités publiques , qui en sont les conséquences. Bénissons notre Monarque qui sait préférer les douceurs de la paix et l'amour de son peuple aux chances si incertaines des batailles.

Suivant l'article 27 de cette constitution, la nomination des pairs appartient au Roi : de là suit que cette chambre sera plutôt une noble compagnie de conseillers du Roi, qu'une chambre représentative. On s'attendait que cette première chambre serait chargée de défendre à-la-fois les prérogatives du trône, de la noblesse et les droits du peuple, et qu'en conséquence ces trois ordres auraient concouru à la nomination des membres de la chambre des pairs.

Aucun député ne pourra être admis dans la chambre s'il n'est âgé de quarante ans , et s'il ne paie une contribution directe de 1000 fr.

Pourquoi exige-t-on plutôt l'âge de quarante ans pour les députés que pour les pairs , lorsque ceux-ci sont admis à vingt-cinq ans, et ont voix délibérative à trente ? Il aurait mieux valu permettre l'admission des députés à l'âge de trente ans, qui est l'époque où l'on a voix délibérative dans les cours, les tribunaux et dans toutes les assemblées délibérantes. La chambre des pairs remplaçant celle des sénateurs, dont le mot vient de *senex*, on aurait dû plutôt exiger l'âge de maturité pour cette chambre, qui doit être composée d'hommes graves, éclairés et instruits par l'expérience.

L'imposition directe de 1000 francs exigée pour être admis comme député de la seconde chambre, peut souvent priver l'état d'hommes de mérite, dignes d'être élus par la nation à ces importantes fonctions. On aurait dû exiger une imposition moins forte ; mais, dans tous les cas, il aurait mieux valu déterminer le *quantùm* du revenu requis pour être admis à ces places, que la quotité des impositions ; car on sait que l'on peut payer 1000 frans d'impositions et être moins riche que celui qui n'en paie que la moitié. Il n'est pas rare de voir de grandes fortunes, réduites à peu, par les rentes et autres créances hypothécaires dont elles sont grevées. Le but de la constitution, sous ce rapport, peut donc souvent devenir illusoire.

Il est sage, il est utile pour la nation que de riches propriétaires d'immeubles soient choisis de préférence en qualité de députés ; ils auront plus d'intérêt à asseoir les impôts sur des bases modérées ; mais il est vrai que si ce système d'élection est trop restreint, il peut souvent détruire l'émulation, si nécessaire dans un bon gouvernement.

Le mode d'élection des députés au corps législatif ne doit pas subsister pour la chambre des députés des départemens : il est indispensable que ce mode reçoive des changemens ; trop souvent l'intrigue, beaucoup plus que le mérite, a fait élire des membres au corps législatif. A peine les habitans d'une ville savaient-ils même quand s'assemblaient les collèges électoraux ; il faudrait exciter le zèle patriotique au sujet de ces assemblées et de ces élections ; mais au contraire on n'y voit que quelques votans dévoués aux candidats qu'ils veulent élire : les assemblées cantonales sont aussi presque toujours désertes ; le président a souvent bien de la peine à y réunir assez de personnes, pour trouver un secrétaire et deux scrutateurs. Il est à craindre que l'article 40 de la charte constitutionnelle, en exigeant des électeurs 300 fr. de contribution directe, ne diminue encore le nombre des votans, qui doivent concourir à la nomination des députés. Il importe à l'intérêt et à la gloire de la nation d'appeler un plus grand nombre de citoyens à ces assemblées. En An-

gleterre tous les citoyens ont droit de voter,
pour élire les membres de la chambre des
communes ; il serait bon cependant de ne pas
admettre dans nos assemblées électorales des
hommes sans aveu et sans fortune, souvent
disposés à vendre leurs votes ; nous en avons
vu des exemples funestes pendant la révolution.

Il serait bien à désirer que la chambre des
députés des départemens et celle des pairs
fussent animées de ce zèle patriotique, qui,
en Angleterre, fait discuter, combattre et
approfondir, dans l'intérêt de la nation, toutes
les lois qui sont portées à ces assemblées ;
malheureusement notre sénat et notre corps
législatif, paralisés par la crainte, n'ont su
jusqu'à présent qu'approuver et sanctionner
les lois que Buonaparte leur faisait présenter.
Il est temps que ces assemblées puissent penser
et s'exprimer avec l'énergie et la liberté,
qui appartiennent à des représentans de la
nation.

L'article 62 porte : *que nul ne pourra être
distrait de ses juges naturels.* Cette disposition est pleine de justice ; mais pourquoi n'a-
vons-nous pas mis en vigueur en France, la

loi *habeas corpus* des Anglais, qui autorise tout accusé à se faire présenter à ses juges dans les vingt-quatre heures, s'il le requiert; cela éviterait bien des détentions prolongées injustement.

L'article 68 de la constitution fait pressentir quelques changemens, qui pourront être faits à notre code civil ; les titres de *l'adoption* et des *hypothèques* ont besoin de quelques amendemens , dont l'expérience a démontré la nécessité ; mais on nous fait craindre que le divorce sera supprimé dans notre législation , parce qu'il est en opposition avec les lois canoniques , qui font du mariage un sacrement : mais pourquoi ne verrait-on pas, dans l'union des époux un contrat civil , comme l'ont pensé les meilleurs jurisconsultes , et , dans le divorce , la dissolution civile de ce contrat ? Si la religion intervient à cette union, ce n'est que pour la bénir , mais elle n'est qu'accessoire dans cet acte. La nature fait le mariage, et la loi civile en règle la forme et les effets ; dès-lors il ne faut donc voir dans le divorce que la rupture d'un contrat ; à la vérité, comme les conséquences du divorce sont très-importantes , il a fallu l'environner d'utiles obstacles ; mais enfin lorsqu'il est demeuré constant que la vie commune est insuportable aux deux époux, lorsque des dissentions domestiques, des injures, des outrages continuels font de cette union un enfer anticipé , pourquoi ne pas rendre à chacun sa liberté ?

On a dit que les demandes en divorce sont scandaleuses pour les mœurs ; cela est vrai ; mais il en est de même des demandes en séparation de corps ; et pourquoi ne pas ordonner que les unes et les autres seront toujours instruites et plaidées à huis-clos ?

Les lois canoniques, en ne permettant que la séparation de corps et non le divorce, obligent chacun des époux à vivre dans un célibat forcé, lorsqu'il est dans la vigueur et dans l'âge des passions ; n'est-ce pas mettre ces époux dans le cas de mépriser ces mêmes lois religieuses , qui prescrivent la chasteté et la continence ? N'est-ce pas exposer sans cesse l'épouse séparée aux dangers qui résultent de ces écarts ? N'est-ce pas la priver d'un autre mariage et d'une postérité , qui peut-être ferait son bonheur ? Et n'est-ce pas ravir à l'état des hommes qui pourraient lui être utiles ? Quand pourrons-

nous voir nos lois civiles ne plus être sous
la dépendance de subtilités canoniques?

NOTE DE L'AUTEUR.

Les réflexions, que l'on va lire, formaient des
articles ou chapitres séparés, qui avaient été joints à
des lettres écrites à l'occasion de la constitution proposée par le sénat; l'on n'a conservé principalement ici
que ce qui est relatif à ces sujets de discussion : de là
vient que les lettres suivantes n'ont point le caractère
particulier du style épistolaire. Il ne faut les considérer
que comme des fragmens de lettres.

Nous sommes loin de partager, dans cette lettre concernant *les ventes des biens nationaux*, les principes
de MM. Dard et Falconnet; principes qui tendraient
à déposséder les tiers-acquéreurs de ces biens : nous
pensons qu'il résulterait d'un tel système beaucoup de
troubles et beaucoup d'injustice. Le système modéré
que nous proposons, s'accorde avec les droits des
tiers-acquéreurs; nous ne faisons d'ailleurs que présenter ici une opinion qui, sans porter atteinte au
maintien des ventes des biens nationaux, rentre dans
les principes du droit civil en matière de contrats.

LETTRE PREMIÈRE.

Des ventes de biens nationaux.

Tout en validant la vente des biens nationaux, l'état a-t-il le droit d'exiger quelque indemnité ou supplément de prix des acquéreurs directs du gouvernement ?

Telle est la question importante que je me propose d'examiner ; j'espère démontrer que l'affirmative est conforme aux principes de la justice, et qu'elle est commandée par les besoins de l'état.

Il faut distinguer deux sortes de biens nationaux ; les biens d'églises ou de communautés religieuses, et les biens d'émigrés.

Les premiers sont du domaine de l'état ;

Les seconds sont du domaine privé.

Il sera facile de prouver que l'état pourrait retirer légitimement un supplément de prix sur les biens de la première classe. Quant aux biens d'émigrés, si l'on exigeait quelque indemnité de la part des acquéreurs de ces biens, elle devrait appartenir, comme un faible dédommagement, à ces hommes qui furent obligés de fuir leur patrie, pour sauver leurs têtes de l'échafaud, ou dans l'espoir de reconquérir le trône d'un monarque infortuné.

On a dit, au sujet des aliénations de biens nationaux, qu'ayant été faites sur la foi du Gouvernement d'alors, et sanctionées par Buonaparte, qui avait été reconnu comme souverain par toutes les nations, on devait maintenir ces ventes sans aucune restriction; qu'en y portant atteinte, c'était donner à ces aliénations un effet rétroactif, contraire aux principes de la législation; que c'était ruiner un grand nombre de fortunes, exciter bien des procès, et causer un mal plus grand que celui qu'on voudrait réparer.

S'il était question d'annuller ces ventes, s'il fallait déposséder des tiers-acquéreurs, qui, comptant sur une garantie qui semblait impérissable, ont acheté ces biens à-peu-près aussi chers que s'ils eussent été des biens patrimoniaux, sans doute ce serait une injustice révoltante, ce serait violer les droits de propriété.

Mais il n'y aurait nulle injustice pour les droits de chacun, ni bouleversement dans les fortunes des familles, en exigeant une indemnité, ou supplément de prix, de la part de ceux qui ont acquis à vil prix de la nation, pour lesquels une année de revenu de ces biens a souvent suffi pour payer le prix de la vente, ou qui ont gagné dix et vingt fois le prix de leurs acquisitions, en revendant ces mêmes biens.

Eh! pourquoi ne rien faire restituer à ces hommes qui, sans payer aucun prix, ont su, dans ces temps de spoliation, s'approprier des objets précieux enlevés dans les châteaux, et même certains immeubles, pour avoir favorisé ces ventes au plus vil prix, souvent même en assignats qui n'avaient plus aucune valeur?

Qu'on ne dise pas que ces recherches ne pourraient être faites avec exactitude; il suffirait pour cet effet de nommer une commission d'hommes justes et modérés, qui se procureraient des renseignemens convenables dans les localités. Cette commission serait tenue de présenter un rapport au gouvernement sur l'objet de ces recherches.

Il serait sur-tout facile de connaître le prix

originaire des ventes de biens nationaux ; les registres publics , qui en font foi , sont dans les archives des départemens.

On a dit qu'un grand nombre de ces acquéreurs primitifs était ruiné ; tant pis alors pour l'état : mais il suffit qu'il y ait encore beaucoup de personnes riches qui possèdent ces biens , ou qui , sans les posséder actuellement , ont élevé leur fortune par les reventes ou échanges qu'elles en ont faites.

Ces indemnités n'ayant pour but que de fournir au gouvernement les moyens de diminuer la masse des impositions générales , et sur-tout certains droits onéreux qui excitent les plaintes du peuple , de tels actes de justice seraient accueillis avec reconnaissance par la nation ; et en effet de qui doit-on réclamer des sacrifices pécuniaires pour les besoins actuels de l'état , si ce n'est de ces hommes qui ont élevé leur fortune sur les acquisitions de biens ayant appartenu à l'état. Il est parmi ces acquéreurs des hommes justes, qui se prêteraient volontiers à ces indemnités , que l'état a le droit d'exiger d'eux.

Nous disons a *le droit d'exiger d'eux* ; et ce droit est basé sur tous les principes de justice naturelle et civile. Il est clair que celui qui s'est enrichi aux dépens d'un autre doit à ce dernier du moins une indemnité, et quelquefois la restitution entière ; mais ce n'est pas une restitution entière dont il s'agit, ce n'est qu'une indemnité modérée, basée sur des bénéfices considérables, c'est une sorte d'imposition particulière pour subvenir aux besoins de l'état.

La lésion , suivant les principes du droit civil, est une cause qui, dans les ventes et partages, a toujours donné lieu à un supplément de prix ou à la rescision de ces actes. Ces principes s'appliquent naturellement aux ventes de biens nationaux : ils concourent pour démontrer la justice des indemnités que nous proposons de réclamer.

Il ne s'agit point d'invoquer la prescription pour repousser ces demandes en indemnités ; nous pourrions prouver qu'à l'époque de ces aliénations, la prescription ne courait point contre l'état, qui avait fait rentrer ces biens dans son domaine ; nous pourrions aussi démontrer que, suivant les anciens principes du droit canonique et civil , ces aliénations de biens d'églises et de communautés religieuses seraient parfaitement nulles (1). Nous pourrions également établir que les biens de la couronne, qui furent aussi mis à l'encan, étaient inaliénables (2). Les ventes de biens d'émigrés, sur-tout de ceux qui avaient fui leur patrie, sans avoir même porté les armes contre la France, mais pour se sauver des massacres et de l'échafaud, ne seraient pas plus valables; ces usurpations, qui ne sont que le résultat de la violence et de l'anarchie, et les ventes qui en ont été la suite, sont également nulles suivant tous les principes du droit civil; il n'y avait point de délit national, dans ce dernier cas; il n'y avait que de la violence, qui est une cause de nullité dans les contrats.

On ne pourrait donc alléguer la prescription, car il est de principe que le laps de temps ne peut valider ce qui est nul dans son origine : *Quod non valet ab initio tractu*

______

(1) C'est ce qu'enseignent les canons d'un grand nombre de conciles, et particulièrement celui du concile de Trente; Ch. XI de la 22ᵉ session : *Si quem clericorum*, etc.

(2) Ordonnances de Moulin, de Blois, édit du mois d'avril 1667.

temporis convalescere non potest. L. 29, ff.
du Divers. Reg. Jur.

Mais, dans de telles ventes où la lésion a
été énorme, comment ne pas voir un acte
de justice en exigeant un supplément de
prix contre des acquéreurs qui ont profité
d'un moment de tourmente révolutionnaire ?

Eh ! serait-ce une injustice ? si l'acquéreur
primitif disait au possesseur de ces héri-
tages vendus au plus vil prix : Il y a vingt
ans que vous jouissez de mon bien, je vous
en abandonne tous les fruits jusqu'à ce jour; je
vous remets en outre le prix ou la valeur
que vous avez payé pour cette acquisition,
rendez-moi cette propriété, que je tenais de
mes pères ?

En réglant la quotité de ces indemnités,
il faudrait concilier autant qu'il serait pos-
sible la justice avec l'équité, et avoir égard
aux améliorations et dépenses faites à ces biens
par les acquéreurs; il faudrait aussi considérer que quelques personnes ayant reçu en
assignats discrédités des remboursemens de
rentes, n'ont vu d'autre moyen d'échap-
per à la ruine de leur fortune, qu'en pla-
çant ce papier-monnaie dans ces sortes d'ac-

quisitions : mais on laisserait aux acquéreurs le droit de faire ces justifications dans un délai déterminé.

Quoique nous pensions que les mesures que nous proposons ici soient conformes à la justice, il appartient au gouvernement d'examiner s'il ne serait pas préférable de déterminer par quelques moyens les acquéreurs, qui ont le plus bénéficié sur le prix de ces ventes, à concourir volontairement au ~~déficit actuel~~ de nos finances, ou à faire des transactions avec les anciens propriétaires. Ces actes de justice volontaire ont déjà eu lieu dans quelques provinces de la part d'un grand nombre d'acquéreurs.

J'ai voulu présenter avec la plus grande modération mes idées sur ce sujet ; je ne prétends ni inquiéter ni séduire par ces réflexions. J'use du droit légitime, qui appartient à tout Français, de publier et faire imprimer son opinion, quand il ne sort point des bornes d'un langage sage et modéré.

Je suis, Monsieur, etc.

LETTRE DEUXIÈME.

De l'administration de la justice.

Une sage administration judiciaire est la plus importante dans un gouvernement monarchique; elle influe puissamment sur la morale publique.

Le juge doit exercer ses fonctions avec indépendance ; mais trop souvent cette indépendance a été forcée ; trop souvent les tribunaux criminels ont offert des satellites et des bourreaux dévoués à Buonaparte.

La justice et l'humanité réclament que l'on supprime ces tribunaux où l'on était jugé à mort sans appel , sans pourvoi, et exécuté dans les vingt-quatre heures. Il est contre toute justice qu'un jugement soit sans appel , lorsqu'il s'agit de la condamnation à une peine capitale , tandis qu'en matière civile les justiciables peuvent suivre plusieurs degrés de juridiction.

L'institution du jury est maintenue ; mais

elle a besoin du moins d'être perfectionnée. Pourquoi le jury peut-il condamner à mort par l'effet de sa déclaration, sans rendre compte des motifs de sa conviction ? Il serait important pour l'honneur de la justice, et pour l'intérêt de l'accusé, que le jury fît connaître les élémens qui ont déterminé cette conviction.

La loi veut que l'on fasse choix de ceux qui sont appelés à remplir ces fonctions importantes, mais on est encore trop facile sur la composition du jury. On voit trop souvent figurer sur la liste des jurés des hommes qui ne sont ni assez moraux, ni assez éclairés, pour décider de l'honneur et de la vie des citoyens.

Un point qui mérite sur-tout l'attention de ceux qui seront appelés à réformer cette partie de l'instruction criminelle, concerne la manière de poser les questions qui sont soumises au jury ; la loi laisse trop de latitude à cet égard. Souvent, par la manière dont ces questions sont présentées, il est impossible que le jury ne décide pas la condamnation à mort de celui, qu'il ne croit pas devoir mériter cette peine, ou du moins une peine aussi rigoureuse. Le jury se trouve quelquefois d'autant plus dans cette cruelle nécessité qu'il n'a le droit d'apporter aucune restriction ni modification à ses réponses ; suivant la loi elles doivent-être affirmatives ou négatives purement ou simplement. Nous pourrions citer plusieurs exemples funestes de ce grave inconvénient dans l'institution du jury.

Il convient à-la-fois à la majesté du trône et à l'intérêt de la justice que le Roi ait non-seulement le droit de faire grâce, mais encore d'ordonner, quand il le juge convenable, la révision des procès criminels. La législation ne peut déterminer les seuls cas de révision ; il est des erreurs judiciaires qu'on ne peut se dispenser de réparer, lors même qu'elles ne seraient pas prévues par la loi. Ce droit de grâce et de révision tenant au droit de souveraineté, il doit donc être abandonné à la sagesse du Monarque. Ces actes de clémence et de justice, exercés à propos ne peuvent produire que de bons effets.

C'est une erreur de penser que la révision est incompatible avec l'institution du jury. Telle a été cependant l'opinion de quelques graves jurisconsultes ; mais que l'on examine la législation anglaise sur ce sujet, on verra que

les légistes les plus partisans de cette institution reconnaissaient la nécessité de réviser,
en certains cas, les procès criminels ; c'est
l'avis de Delolme, de Blanckstone, et de
Bentham, qui ont écrit sur la législation anglaise.

« Tant que les hommes, dit ce dernier
« auteur, n'auront aucun caractère certain
« pour distinguer le vrai du faux, une des
« premières sûretés qu'ils se doivent récipro-
« quement, c'est de ne pas admettre sans une
« nécessité démontrée des peines absolument
« irréparables..... Faibles et inconséquens
« que nous sommes, nous jugeons comme des
« êtres bornés, et nous punissons comme des
« êtres infaillibles ! » (Traduction de la *Législation civile et pénale.*)

Ne serait-il pas absurde et révoltant de dire,
que lorsqu'il sera *évident* que le jury s'est
trompé, il faudra respecter sa décision, et la
regarder comme une vérité constante ?

Soit qu'il y ait erreur évidente dans la condamnation, soit qu'il y ait une juste présomp-
tion d'erreur, il n'y a nul inconvénient à réviser
un procès criminel, même lorsque le jugement
aurait été exécuté : car, ou la famille du con-

damné exécuté ne prouvera pas l'injustice de sa condamnation, et alors l'arrêt aura reçu justement son exécution : ou bien elle en démontrera manifestement l'erreur, et, dans ce cas, ce sera pour la société une consolation, puisqu'il y aura réparation proclamée, et pour le monarque le plus beau triomphe de son pouvoir.

Quel que soit le temps écoulé depuis l'exécution du jugement de la condamnation, il ne peut y avoir de prescription. La raison comme la justice s'opposent à ce que l'on puisse fixer un certain temps après lequel on ne serait plus recevable à prouver l'innocence du condamné. Cette preuve peut dépendre de pièces et de circonstances que le hasard seul peut découvrir, ou qui peuvent ne se rencontrer que dix, vingt et trente ans après la condamnation. Eh ! qui oserait alors opposer quelque prescription ?

Concluons donc que le droit de révision des procès criminels doit être abandonné à la sagesse du souverain.

Les cours et les tribunaux ont besoin de plus de consistance, de plus de dignité, et l'on pourrait ajouter qu'ils ont besoin d'épuration.

Lors de la dernière formation des tribunaux et des cours dites *impériales*, on a fait d'assez mauvais amalgames ; on a placé dans ces cours des hommes de révolution, des hommes habitués à condamner à la peine de mort dans les cours de justice criminelle, et fort peu instruits du droit civil : on a aussi fait entrer dans ces cours impériales même des juges des tribunaux spéciaux, accoutumés à juger militairement ; et c'est à de tels hommes que l'on a confié l'interprétation de nos lois civiles ; le pouvoir de décider de la fortune des citoyens, et de juger les plus graves contestations judiciaires !

Le mode actuel de nommer aux places de juges ou de juges auditeurs n'est pas non plus sans inconvénient. Pourquoi le Roi serait-il obligé de choisir les juges seulement sur une liste de trois candidats envoyée par M. le procureur-général ? Il faudrait du moins un plus grand nombre de candidats, afin que le Roi eût plus de latitude pour choisir.

Dans la plupart des cours et des tribunaux il y a deux ou trois hommes qui exercent toute l'influence ; ce sont eux seuls qui forment ces listes de candidats ; comme ce sont

eux seuls qui jugent les procès. C'est alors
que les petites relations, les petits intérêts,
les petites passions font placer sur ces listes
plntôt tel individu que tel autre, dont les lumières sont supérieures. Que d'exemples on
pourrait citer pour démontrer le vice de sem-
blables nominations ! Il est important de remé-
dier à ces abus.

La création des juges auditeurs près les cours
et les tribunaux est peut-être une des meilleures
institutions du gouvernement précédent ; mais
cette institution aurait besoin de quelque amé-
lioration. Il faudrait choisir pour occuper ces
places des avocats moins jeunes et qui eussent
l'habitude des affaires judiciaires. L'organisation des juges auditeurs près les tribunaux de
première instance doit sur-tout recevoir des
changemens; on a appelé, à l'honneur de juger,
des jeunes gens sans expérience des affaires du
palais, et trop dans l'âge des plaisirs et des
passions.

Un des moyens les plus propres à donner
de l'éclat au barreau et à la magistrature serait d'encourager les fils de familles riches à
exercer la profession d'avocat, soit en prenant
dans cet ordre des hommes pour la magistrature

et pour les places les plus éminentes du gouvernement, soit que l'on créât des auditeurs près différens corps de l'état, en exigeant qu'ils eussent obtenu les grades de licencié ès-lettres et ès-lois, et même certain temps d'exercice au barreau, afin de mieux juger de leur capacité. Il importe beaucoup, sous les rapports de politique et de morale publique, que les lumières, l'honneur et la considération personnelle fassent distinguer ceux qui sont appelés aux grandes charges de l'état, et particulièrement à celles de la magistrature.

Pour la puissance et le soutien d'une monarchie, il faut que l'honneur, plus que la fortune, appelle aux places du gouvernement; dès-lors il est nécessaire de récompenser ceux qui les occupent, moins par des traitemens considérables, que par des distinctions honorifiques, telles que des décorations de mérite et des titres de noblesse accordés à ceux qui auraient rempli leurs fonctions d'une manière distinguée. Ces décorations ne doivent pas être prodiguées, mais elles peuvent produire un très-bon effet quand elles sont données au vrai mérite.

Le Souverain trouverait un double avantage

à ce système , et à raison des ressources d'é-
conomie qui en seraient la conséquence , et
parce que des sujets ainsi attachés par des
privilèges honorables, tiennent plus au gouvernement. C'est ici le cas de remarquer que
les membres de nos anciens parlemens , si
illustres et si honorés en France et chez les
étrangers , n'avaient que des appointemens
extrêmement modiques.

Adieu ; voici une bien longue lettre, mais
il y aurait de quoi faire un volume sur ce sujet.
puisse quelque ami de la justice joindre ses observations aux miennes ! puisse la magistrature reprendre son antique dignité et n'être
composée que d'hommes vertueux et éclairés ! Mais que de réformes !......

LETTRE TROISIEME.

De la liberté de la presse.

ON a dit qu'il serait utile, pour diminuer le nombre des mauvais ouvrages en librairie, d'obliger les auteurs à mettre leurs noms aux livres qu'ils publient. C'était aussi l'avis de Voltaire ; *défiez-vous*, disait-il, *des livres par Monsieur* ou *par Madame* * * *

Cette obligation de mettre son nom au livre qu'on publie serait sur-tout nécessaire si la presse n'était pas soumise à un conseil de censeurs : ce serait une garantie pour le gouvernement, dans le cas où l'auteur aurait dépassé de sages limites ; c'est ce qui a lieu dans plusieurs pays, et particulièrement en Angleterre, où la presse jouit d'une entière liberté.

Jamais la presse n'a été soumise à plus d'entraves que sous le règne de Buonaparte ; le despotisme dans ce genre allait au-delà de toutes les bornes ; il fallait que les auteurs des différens points de la France livrassent leurs manuscrits aux Préfets de leur département, qui après avoir pris tout le temps de les lire, finissaient par les envoyer à la direction de la librairie ; lorsque l'auteur n'avait personne à Paris pour presser le renvoi du manuscrit, il était obligé d'attendre cinq ou six mois, et quelquefois davantage, si l'ouvrage était volumineux ; c'est ainsi qu'à raison de ces retards et de ces entraves, un livre perd souvent de son intérêt, et que l'auteur ou le libraire éprouve un préjudice considérable, parce qu'il n'a pu le publier dans telle circonstance où il devait paraître ; il fallait même pour les recueils de poésies, de chansons et opuscules du nouvel an, déposer le manuscrit à la censure deux ou trois mois d'avance, autrement l'auteur ne pouvait le retirer assez à temps, pour le faire imprimer au commencement de l'année, et il perdait ainsi le fruit d'un travail qui pouvait lui être profitable.

S'agissait-il d'un ouvrage de politique ou d'histoire ? l'auteur se trouvait obligé de ne pas trop louer les vertus qui contrastaient avec les vices de Buonaparte ; il aurait été dangereux, par exemple, d'écrire que Henri IV

fut le meilleur des princes où de vanter les
bons rois qui économisaient les finances de
l'état et épargnaient le sang de leurs guerriers;
il fallait donner des louanges à Buonaparte;
il fallait le peindre comme le plus grand ca-
pitaine, comme un héros fameux, comme
le premier des rois législateurs, et digne du
nom de *Grand*, que le sénat lui avait dé-
cerné; il fallait prouver que son gouvernement était paternel; que les arts, les
sciences, toutes les institutions morales et politiques avaient acquis sous son règne le plus
brillant éclat, autrement le manuscrit ne re-
venait point de la censure, et faute d'y
faire ces retranchemens ou ces additions, l'impression en était défendue; il fallait souvent,
pour la plus légère cause, morceler, déna-
turer un ouvrage en entier, ou renoncer à
l'imprimer; on peut en juger par les raisons
qui avaient fait proscrire sous Buonaparte plusieurs bons livres qui viennent de paraître, et
notamment l'ouvrage de madame de Staël (1);
nous avons vu comment le plus faible motif
suffisait pour porter ombrage à sa farouche

---

(1) *De l'Allemagne*, 3 vol. *in-8°*.

politique, et pourquoi des auteurs étaient je-
tés dans des prisons d'état ou forcés de s'exiler.

Qu'il me soit permis de citer une anecdote
qui m'est personnelle, et qui peut servir à
donner quelque idée de ce genre de despotisme qu'on exerçait sur les ouvrages destinés
à l'impression. Il y a à-peu-près six mois,
j'avais fait annoncer par la voie des journaux
la souscription pour un ouvrage qui est main-
tenant sous presse, et qui a pour titre : *Morceaux choisis d'éloquence judiciaire, précédés
d'un discours sur la profession d'avocat et sur
le régime judiciaire dans ses rapports avec les
finances* : parmi différens morceaux remar-
quables, qui devaient composer ce recueil, j'a-
vais indiqué la défense de l'infortuné et vertueux
Louis XVI, prononcée à la barre de la conven-
tion, par M. Deseze. Il fallut supprimer cet
article dans l'annonce du journal, et renoncer à
insérer cette défense dans mon recueil.

Il est cependant nécessaire pour la morale
et la politique , que la presse ne jouisse pas
d'une liberté illimitée ; mais il faut la dé-
gager de toutes sortes d'entraves. Il convien-
drait d'établir un conseil de censeurs, qui recevrait les déclarations des auteurs et imprimeurs pour tous les ouvrages soumis à l'im-

pression. Les auteurs et imprimeurs seraient responsables de tous écrits injurieux et calomnieux, ou qui porteraient atteinte aux mœurs, au respect dû au prince, à la loi et à la religion ; dans ces cas de délits, ils devraient être traduits devant les tribunaux, et les ouvrages seraient supprimés. Les censeurs exerceraient cette sage surveillance; et en cas de violation de ces principes, ils seraient obligés de dénoncer l'ouvrage et l'auteur. Tous les trois mois ce conseil devrait être tenu de présenter un rapport au Roi sur l'objet de ses travaux, et de lui faire connaître les livres qui se recommandent par leur grand talent ou par leur haute utilité ; c'est ainsi que le souverain serait en état d'apprécier les auteurs qui ont mérité des récompenses ; il en résulterait une noble émulation, et des encouragemens utiles aux progrès de l'esprit humain.

Les auteurs qui voudraient s'exempter de toute responsabilité seraient obligés de faire examiner leurs manuscrits et d'obtenir l'approbation des censeurs avant l'impression ; mais on pourrait, dans tous les cas, faire imprimer sans cette approbation préalable, sauf la responsabilité s'il y avait violation directe des principes qu'il faut respecter.

Cette commission de censeurs serait tenue d'examiner les pièces de théâtre avant la représentation ; car les atteintes portées au gouvernement, aux mœurs ou à la religion peuvent, dans ce cas, produire un effet plus dangereux, et à raison du talent des acteurs, et à raison de la grande multitude rassemblée : c'est donc particulièrement à l'égard des pièces dramatiques qu'il est utile de mettre une sage sévérité.

Cette commission serait aussi chargée de surveiller l'introduction, en France, d'ouvrages étrangers, ou d'ouvrages français, imprimés chez l'étranger.

Dans chaque lieu de préfecture, il devrait y avoir un conseil de censure : il rendrait compte au préfet des ouvrages imprimés dans le département. Ce magistrat transmettrait chaque année au ministre, le résultat des travaux de ce conseil. Le ministre serait chargé de le faire connaître au Roi.

Mais il faudrait sur-tout abolir ces lois fiscales que Buonaparte, dans son délire, avait étendues jusque sur les productions de l'esprit et du génie ; il avait créé des droits pour réimpression, citations, traductions d'auteurs morts au-delà de dix ans, et dont les ouvrages rentraient dans ce qu'on appelait le *domaine public*. Pour procéder à ce calcul, un livre était encore arrêté de nouveau à la direction de la librairie, parce que là on comptait ligne à ligne, mot à mot, ce qui était emprunté de ces auteurs, pour ensuite additionner le total, qui devait donner tant de feuilles, afin de prélever le centime par feuille d'impression que Buonaparte avait exigé par son décret du 29 avril 1811. L'auteur était obligé de payer des sommes considérables pour ce droit, même avant que l'ouvrage fût mis en vente, ou bien l'imprimeur était tenu de souscrire des billets à court délai. Exista-t-il jamais un impôt plus insensé, plus vexatoire pour les gens de lettres, qu'il est utile d'encourager ; et plus contraire à la propagation des bons livres, puisque ce sont ceux-là qu'on réimprime, ou dont on emprunte des citations ?

Je termine cette lettre en faisant des vœux bien sincères pour voir abolir tant d'impôts vexatoires qui peuvent exciter la haine contre le gouvernement, et pour qu'une sage économie dans les finances rétablisse l'aisance et la prospérité nationales.

Je suis, etc.

F I N.

www.ingramcontent.com/pod-product-compliance
Lightning Source LLC
Chambersburg PA
CBHW061312060726
47596CB00003B/847